# PRÉVENIR L'OBÉSITÉ CHEZ LES ENFANTS

# Contenu

# *Chapitre 1: L'obésité chez les enfants croît à un rythme incroyablement rapide*

L'obésité est un état qui peut raccourcir la vie et peut affecter gravement, mentalement et physiquement

L'obésité chez les enfants se développe à un rythme effroyablement rapide.

Il y a plus d'enfants obèses que jamais auparavant. Les parents laissent leur négligence de leur propre alimentation se prolonger dans la vie de leurs enfants.

Voici quelques points à prendre en considération lorsqu'il s'agit de prévenir l'obésité et les problèmes de santé chez vos enfants.

Les jeunes enfants ont généralement beaucoup d'énergie et ont besoin de collations entre les repas. Le plus important est de choisir des collations saines pour vos enfants.

## Collations alternatives

Les en-cas à base de légumes comme les bâtonnets de carottes et les bocaux de céleri sont une bonne et amusante alternative aux chips et aux bouchées de "malbouffe". Les fruits peuvent remplacer les bonbons et le sucre.

## Snacks

Les en-cas à base de soda et de sucre, comme les sucreries, provoquent l'hyperactivité chez de nombreux jeunes enfants et sèmeront les graines de problèmes plus tard dans la vie. Elle entraîne également des problèmes dentaires et l'apparition de l'obésité. Il est bon de garder ces aliments sous contrôle et d'utiliser des alternatives si possible.

Le sucre est un aliment qui crée une dépendance, car plus on mange, plus on a envie de manger. Cela peut rapidement devenir un grave problème d'alimentation et peut conduire à l'obésité, car le corps stocke l'excès de sucre sous forme de graisse. Les céréales pour le petit déjeuner sont le gros problème de l'alimentation des enfants. Tout le monde est pressé le matin et il est facile d'atteindre le paquet de céréales pour un petit déjeuner familial rapide. Cependant, faites attention à ces céréales pré-sucrées, car elles mettent de grandes quantités de sucre inutile dans l'organisme de votre enfant, ce qui ouvre la voie à une dépendance au sucre.

Il existe aujourd'hui de nombreuses alternatives aux céréales pré-sucrées. Il existe de nombreuses céréales "saines" au bon goût qui apportent des fibres ajoutées et moins de sucre, le cas échéant. Ils sont bons pour vos enfants, car ils leur permettront de prendre un petit déjeuner beaucoup plus nutritif et de ne pas se contenter de les gaver de sucre et de glucides en excès. Les habitudes de restauration rapide commencent également lorsque les enfants sont très jeunes.

Ceci est renforcé par la publicité télévisée et le marketing de ces aliments. Il est presque normal que nous mangions des hamburgers, des frites et d'autres aliments rapides. Les enfants ont un penchant inné pour ces aliments et peuvent facilement en devenir dépendants.

Il est sage d'essayer de garder ces aliments à la marge, car ils ne sont pas les plus sains, surtout pour les enfants qui grandissent et ont besoin d'aliments nutritifs pour se développer correctement.

Les habitudes alimentaires commencent lorsque les enfants sont très jeunes. Cela peut commencer dès qu'ils commencent à manger.

Il est très important pour la santé d'un enfant de prendre de bonnes habitudes alimentaires dès son plus jeune âge. Il est possible de jeter les bases de bonnes et saines habitudes alimentaires lorsque les enfants sont encore très jeunes.

Il s'agit simplement de nous éduquer et de transmettre les bonnes habitudes à nos enfants. Ce faisant, on réduit la possibilité d'obésité et tous les risques mentaux et physiques qui y sont liés.

# *Chapitre 2: L'avoine - le plus puissant des petits déjeuners amaigrissants*

Saviez-vous que le simple fait de prendre un petit déjeuner augmente votre métabolisme de 10 %?

Le gruau est l'un des aliments les plus puissants du petit déjeuner. Si vous cherchez à remettre votre corps en forme, vous devriez l'intégrer comme un aliment de base dans votre alimentation. Le gruau est l'aliment idéal pour commencer la journée, car il augmente l'énergie et contient beaucoup de fibres pour vous rassasier et vous rassasier. L'avoine se décompose lentement dans l'estomac, ce qui vous donne une énergie durable. Il est également rempli de fibres hydrosolubles, qui jouent un rôle crucial dans la sensation de satiété pendant une longue période. Des études ont également montré que l'avoine réduit le cholestérol, maintient le taux de sucre dans le sang et combat les maladies cardiaques, le diabète, le cancer du côlon et l'obésité. Si vous souhaitez ajouter de puissants antioxydants à votre avoine, il vous suffit d'ajouter des myrtilles et des framboises

Ces délicieux fruits regorgent d'antioxydants qui combattent les maladies cardiaques, le cancer et une foule d'autres affections.

Il a également été démontré que les myrtilles préservent la vue. Ce fruit puissant possède la plus grande quantité d'antioxydants parmi plus de 40 fruits et légumes! Que demander de plus dès le premier repas de la journée? Cependant, les flocons d'avoine ne doivent pas nécessairement être servis uniquement au petit déjeuner. Vous pouvez l'utiliser quelques heures avant votre séance d'entraînement pour vous donner de l'énergie, vous pouvez inclure des flocons d'avoine dans vos smoothies, c'est aussi une merveilleuse combinaison avec des bagels et même comme garniture pour les poitrines de poulet. N'oubliez pas que vous devez acheter les produits non sucrés.

## Variété non aromatisée

Pour lui donner un peu de saveur, vous pouvez utiliser des bananes, des baies ou du lait. Les flocons d'avoine pré aromatisés sont riches en calories de sucre. Alors, tenez-vous en aux bonnes choses. Vous obtiendrez toute l'énergie bénéfique pour vos sports et activités, et aucun des effets négatifs du sucre.

# Une texture plus moelleuse et une saveur plus intense

Si vous recherchez de l'avoine avec un peu plus de texture, vous pouvez essayer la variété "steel-cut" (avoine à grains entiers coupée en petits morceaux plutôt que roulée). Bien que la cuisson de ce type soit un peu plus longue, cela vaut la peine d'attendre. Ils ont une texture légèrement plus moelleuse et un goût plus prononcé que les flocons d'avoine. Une fois que vous aurez essayé cette variété, vous l'adorerez!

## Aide à combler vos envies

Si vous avez des problèmes de fringales nocturnes, prenez plutôt un bol de flocons d'avoine, cela évitera toute malbouffe ou friandise sucrée. Si vous cherchez à vous mettre en forme, je vous suggère d'alterner vos repas du matin avec des flocons d'avoine un jour et des œufs et de la viande le lendemain. Cela accélérera la combustion de vos graisses.

# *Chapitre 3: Le surpoids est préjudiciable aux adolescents et aux enfants*

Non seulement le surpoids rend la santé difficile pour les adultes, mais il est également mauvais pour les adolescents et les enfants. Si vous êtes un adolescent et que vous vous inquiétez de ces centimètres supplémentaires autour de votre taille, n'attendez pas plus longtemps pour adopter un programme de perte de poids qui, selon vous, sera bénéfique pour votre corps. Agissez dès aujourd'hui! Voici quelques conseils précieux pour la perte de poids des adolescents, tels qu'ils figurent dans les meilleurs programmes de perte de poids pour adolescents prescrits par les experts en nutrition, qui peuvent vous aider à faire face à votre ennemi: La surcharge pondérale.

Le surpoids est essentiellement dû à une consommation alimentaire excessive. Par conséquent, les meilleurs programmes de perte de poids pour les adolescents devraient inclure une suggestion, pour contrôler la consommation quotidienne de nourriture, en particulier les aliments gras et huileux. Les produits laitiers, tous les types de malbouffe et les boissons artificielles doivent également être évités. Une autre chose que les meilleurs programmes de perte de poids pour les adolescents suggèrent est de boire beaucoup d'eau et d'incorporer des fruits, des légumes crus et des aliments fibreux dans votre alimentation. Cela est essentiel pour équilibrer la teneur en nutriments de l'organisme causée par une réduction de l'apport normal (en supposant que vous suiviez la première suggestion, en tant que telle).

Remplacez vos collations habituelles, comme un paquet de chips ou de biscuits, par quelque chose de plus sain pour votre système. En d'autres termes, remplacez vos chips ou autres en-cas riches en graisses et en huile par quelque chose comme:

- Raisins congelés.
- Tomates cerises.
- Carottes.
- Pudding ou yaourt allégé

Prenez quelques heures chaque jour pour vous entraîner à la salle de sport ou passez du temps à courir ou à pratiquer votre sport préféré. De telles activités physiques peuvent brûler les calories supplémentaires sous la peau. En fait, c'est l'étape la plus importante que l'on puisse trouver dans tous les meilleurs programmes de perte de poids pour adolescents suggérés par les experts.

## Une forte volonté de suivre le programme alimentaire

La plus importante de toutes les suggestions est que vous devez nourrir une forte volonté de suivre le programme alimentaire que vous choisissez, religieusement. Sinon, aucun programme d'amaigrissement pour adolescents ne peut vous aider à perdre du poids.

Oui, cela peut être un travail difficile, mais le résultat final en vaudra la peine; vous devez tolérer le processus.

# *Chapitre 4: L'obésité chez les adolescents et les enfants est peut-être l'une des maladies les plus graves*

**Retrouvez la forme et vivez en bonne santé!**

L'obésité chez les adolescents et les enfants est peut-être l'un des scénarios les plus tristes que je vois. Il est cruel et horrible pour les enfants d'être en surpoids, et ils n'auront pas une bonne vie sociale ou médicale, beaucoup de choses les déprimeront. Il leur sera difficile de se faire des amis, car ils seront malmenés à l'école à cause de leur poids, et leur santé en souffrira grandement car des complications médicales accompagnent toujours l'obésité. Nous devons aider nos enfants et nos adolescents à se débarrasser de leur vie malsaine et à retrouver la forme et une vie saine!

## De nombreux facteurs contributifs

L'obésité chez les adolescents est un problème important et compliqué, car l'obésité n'est pas toujours due à la paresse et à la suralimentation ; elle est parfois due aux antécédents médicaux familiaux et aux problèmes de santé dont ils peuvent souffrir. Bien que l'obésité des adolescents ne soit pas toujours due à la génétique, elle peut aussi être due à des problèmes médicaux. Les problèmes de glandes ou de thyroïde sont souvent une des causes de l'obésité, mais l'obésité contribue alors à trop d'autres complications médicales. Si vous ne voulez pas voir votre enfant ou votre adolescent

souffrir, alors il faut prendre des mesures pour s'attaquer au problème de l'obésité!

## Encourager de meilleures habitudes et "jouer

Bien que la paresse et une mauvaise alimentation contribuent grandement au problème de l'obésité des adolescents, nous devons encourager les adolescents à sortir davantage, plutôt que de jouer à l'intérieur avec des ordinateurs et de regarder la télévision. Il faut leur apprendre ce qu'est un régime alimentaire acceptable, et que la malbouffe et les aliments préparés ne sont pas la meilleure option pour eux, qu'il existe des alternatives saines!

Cela permettra de lutter contre l'obésité des adolescents et de sauver nos enfants d'un avenir marqué par des problèmes émotionnels et, surtout, par les problèmes de santé liés à l'obésité.

Les enfants devraient être encouragés à pratiquer davantage d'activités physiques, comme le sport, et à sortir davantage. Ainsi, s'ils mangent correctement, ils s'assureront de brûler plus de calories qu'ils ne mangent et donc de maintenir leur poids - et, si nécessaire, de perdre le poids dont ils ont besoin.

L'obésité doit être traitée dès les premiers stades afin d'éviter toute une vie de malaise et de douleur. Les parents doivent prendre position pour aider à prévenir l'obésité des adolescents et pour que leurs enfants "s'en sortent". Une alimentation saine doit être démontrée par les parents et les enfants suivront leur exemple - les adolescents doivent être sensibilisés aux conséquences de l'obésité et être aidés à s'orienter vers un avenir meilleur!

# Chapitre 5: Comment aider votre enfant à lutter contre l'obésité infantile

Soirées pyjama, anniversaires... Parfois, il semble que l'enfance soit une grande fête de la nourriture!

Il est difficile de priver votre enfant de plaisirs et de délices, surtout lorsque tous ses amis font la fête.

Cependant, cette simple condition peut entraîner plus de problèmes que vous ne le pensez. Lui donner la possibilité de manger toutes les sucreries et les friandises qu'il veut pourrait signifier un gros problème : l'obésité infantile.

## Génétique et surpoids

Dans certains cas, certaines personnes affirment que la génétique pourrait jouer un rôle dans l'obésité infantile. C'est le cas, mais pas autant que le rôle que jouent les parents, la mentalité et l'influence. Il est faux de croire que le matériel génétique incite un enfant à devenir en surpoids à un âge précoce. Pour la majeure partie de la population, le matériel génétique peut fixer les valeurs maximales les plus basses pour le poids des personnes, mais les gens eux-mêmes fixent les valeurs maximales les plus élevées, en raison de leurs choix alimentaires. De plus, comme la plupart des enfants ne peuvent pas se contenter de fixer des limites et de choisir les aliments qu'ils doivent manger, il est du devoir des parents de fixer ces limites.

# Les parents doivent fixer les limites

Vous ne savez pas comment faire? Voici quelques conseils qui vous aideront à suivre l'alimentation et la consommation alimentaire de votre enfant et à lutter contre l'obésité infantile.

## 1. Joyeux Halloween!

Étant le seul festival consacré presque entièrement à la surconsommation de "friandises sucrées", Halloween est une période préoccupante pour la plupart des parents confrontés à l'obésité infantile. Il est compréhensible que ce soit un moment très difficile pour votre enfant, mais vous pouvez le rendre plus facile. Essayez de vous concentrer sur le véritable esprit de la saison et faites une maison hantée spéciale pour les enfants, ou laissez-les faire une fête "effrayante" avec des histoires de fantômes, d'araignées en caoutchouc et le vieux jeu des "entrailles de spaghetti et des yeux de raisin". Pour les plus jeunes, une fête costumée avec peinture de citrouilles et autres activités est toujours amusante. L'important est de tenir vos enfants éloignés de tout signe de sucrerie.

## 2. Les soirées

La première nuitée en solitaire peut être stressante pour vous et vos parents d'accueil. Passez un peu de temps avec les parents avant l'événement pour leur donner un briefing sur ce dont votre enfant pourrait avoir besoin et mettez-vous à leur disposition par téléphone pour toute question. Donnez-leur des en-cas sains qu'ils peuvent manger et donnez-leur des aliments nutritifs avec lesquels ils peuvent cuisiner.

# 3. Les enfants soucieux de leurs calories

Il est important d'enseigner à votre enfant les types d'aliments qu'il est censé manger. Passez du temps à enseigner à votre enfant le calcul comparatif des calories de différents aliments. Cela aidera votre enfant à faire de meilleurs choix alimentaires. Il est préférable de leur apprendre à lire les étiquettes des aliments dès le début pour les aider à prendre conscience de l'importance de la nourriture.

# 4. Manger les bons aliments

Les enfants sont très vulnérables aux en-cas, il serait donc difficile de les leur enlever. La meilleure façon de prévenir l'obésité infantile est de leur permettre de manger les bons aliments.

Donnez-leur des pommes au lieu d'une tablette de chocolat. N'oubliez pas que manger est une habitude. Si l'alimentation de vos enfants a été habituée à une alimentation saine dès le début, ils grandiront en bonne santé et forts.

En fait, la lutte contre l'obésité infantile n'est pas un problème. C'est juste la façon dont les parents enseignent à leurs enfants les bonnes "choses" à manger.

# *Chapitre 6: Conseils pour la perte de poids chez les adolescents*

**Vous cherchez des conseils pour perdre du poids à l'adolescence?**

Le monde d'aujourd'hui met une pression supplémentaire sur les adolescents pour qu'ils paraissent minces. Les émissions de télévision populaires destinées aux adolescents mettent en scène des personnages mignons, jeunes et minces. Les parents autoritaires peuvent exercer une pression excessive sur leurs enfants pour qu'ils perdent du poids, et pire encore, les pairs des adolescents peuvent être incroyablement critiques à l'égard de leur poids. Être le "gros" pendant le lycée peut être un problème d'estime de soi qui dure toute la vie. Il n'y a pas de solution facile à ce problème. La perte de poids est difficile, et toute l'anxiété supplémentaire qui accompagne l'adolescence ne fait qu'empirer les choses. Profiter de certains de ces conseils peut aider à rendre l'expérience moins effrayante pour les adolescents en surpoids. L'un des conseils les plus importants, surtout pour les jeunes filles, est de s'assurer qu'elles comprennent bien à quoi ressemble une personne en bonne santé.

Beaucoup de filles et de jeunes femmes à la télévision sont, ou du moins semblent, dangereusement minces. Les médias peuvent présenter cela comme l'idéal, mais la vérité est que ce n'est pas un mode de vie sain. De nombreuses jeunes femmes développent des troubles alimentaires en essayant de se conformer à l'apparence des femmes qu'elles voient à la télévision, et c'est la recette du désastre. Les jeunes hommes peuvent eux aussi être victimes de troubles alimentaires, et ce n'est pas seulement un problème pour les filles.

Il n'est pas rare que de nombreux adolescents se regardent dans le miroir et ne voient que de la laideur et de la graisse, alors qu'en fait, ce sont de jeunes hommes en parfaite santé. S'ils se sentent constamment très déprimés par leur poids ou leur apparence, ils doivent demander l'aide d'un psychologue. Ils peuvent vous aider à améliorer votre image de soi et à poursuivre vos objectifs de perte de poids de manière saine.

Un autre conseil pour perdre du poids à l'adolescence est de considérer comment votre corps est en train de grandir. Pendant l'adolescence, votre corps peut subir un certain nombre de changements qui affectent votre croissance. Par exemple, vous pouvez être en retard de croissance et prendre quelques centimètres de hauteur, ce qui entraîne un équilibre de votre poids sur l'ensemble de votre structure.

La puberté est une période difficile. Si vous savez que vous suivez un bon régime alimentaire et un programme d'exercice physique mais que vous ne voyez pas de résultats, il vous faudra peut-être attendre que votre corps ait atteint sa pleine maturité. Indépendamment des autres facteurs, l'alimentation et l'exercice physique sont toujours un facteur important pour le poids. Vous devez garder cela à l'esprit tout au long de la journée scolaire et réfléchir aux moyens d'améliorer votre santé. Si seuls des aliments gras et malsains sont servis à la cafétéria de l'école, discute avec tes parents pour qu'ils t'apportent chaque jour un déjeuner plus sain. Veillez à participer aux cours de gymnastique et, si vous le pouvez, aux activités sportives organisées après l'école.

Un autre facteur qui peut vous aider à perdre du poids est d'obtenir l'aide de votre famille. Dans presque tous les cas, votre famille veut aussi être en bonne santé et elle vous aidera du mieux qu'elle peut. Si l'un de vos parents est le cuisinier principal de la famille, parlez-lui de choix alimentaires plus sains. Vous pouvez également proposer à vos parents de les aider à faire des travaux de rénovation ou de jardinage pour faire un peu plus d'exercice.

Ces conseils pour perdre du poids à l'adolescence peuvent faire une grande différence pour vous.

# *Chapitre 7: Un chapitre pour les parents - Découvrez la perte de poids facile et sûre pour les adolescents*

Votre fils ou votre fille adolescent rentre-t-il de l'école en pleurant sur son poids?

Se dépêche-t-il d'aller dans sa chambre parce qu'il ne veut pas en parler?

Pleurez-vous avec eux parce que vous savez ce qu'ils vivent?

Il n'est pas nécessaire que ce soit comme ça pour vous ou votre adolescent! Des études récentes ont montré que l'obésité des adolescents a atteint des proportions épidémiques. La plupart de ces études le montrent:

Non seulement la structure corporelle, l'ADN, les régimes de restauration rapide et la suralimentation contribuent au problème de poids, mais le manque d'activité physique, de la part des adolescents d'aujourd'hui, en est une cause principale. Un autre fait révélé par ces études est que la plupart des jeunes qui sont encore dans l'adolescence font moins de 30 minutes d'exercice sur une période de 24 heures.

Lisez la suite pour en savoir plus sur la perte de poids facile pour les adolescents!

Si vous ne faites pas d'exercice en tant que parent, vous contribuez aux mauvaises habitudes de votre enfant en matière d'exercice et à son obésité. Un bon moyen de vous aider, vous et votre enfant, à rester en bonne santé est de trouver un programme d'exercice que vous pouvez tous deux suivre. En fait, il n'est pas nécessaire que ce soit un exercice ennuyeux et répétitif, mais il peut être très amusant.

Toutefois, il y a une chose que vous devez faire avant de commencer un programme d'exercice. Si vous et votre adolescent êtes tous deux en surpoids. Je paierais pour que vous consultiez votre médecin et le pédiatre de votre enfant.

Cet examen physique permettra d'écarter tout problème de santé sous-jacent qui pourrait être à l'origine de la prise de poids. Elle déterminera également si vous êtes tous deux en assez bonne santé pour participer à un programme d'exercices pour perdre du poids.

Croyez-le ou non, vous et votre enfant pouvez commencer un programme de marche. Pour que l'attitude habituelle des adolescents soit supportable, laissez-les apporter leur I-pod ou un autre lecteur de musique. Toutefois, c'est aussi le moment pour eux d'avoir une bonne discussion. En fait, ils peuvent facilement le faire sur une période de plusieurs jours en parlant des choses qui les intéressent. N'en profitez pas pour les défier, car si vous le faites, non seulement ils vous bloqueront, mais vous tuerez tout intérêt qu'ils ont commencé à susciter dans l'exercice.

Un autre exercice amusant auquel toute la famille peut participer est le vélo. Cet exercice sera l'un des plus faciles à faire pour

vous et vos enfants. Il ne faudra pas longtemps avant que cela devienne une grande habitude pour vous deux. L'un des avantages réels du vélo est qu'il vous aide à perdre ces kilos superflus. Mais la façon dont il vous aidera à reconstruire la forme générale de votre corps vous surprendra. Vous et votre adolescent remarquerez que vous avez des jambes bien dessinées et un cul plus ferme. De plus, il aidera à maintenir leur rythme cardiaque, ce qui bénéficiera à l'ensemble de leur corps grâce à un supplément d'oxygène.

Un autre exercice amusant auquel vous pouvez tous deux participer est la natation. Il est évident que tout le monde n'a pas de piscine privée, mais de nombreux clubs de santé, salles de sport et autres lieux publics en ont une. Vous devez admettre qu'en tant que parents, il vous incombe de veiller au bien-être et à la santé de vos enfants.

Encourager un programme d'exercice physique maintenant, alors qu'ils sont encore jeunes, leur sera bénéfique pour le reste de leur vie. La perte de poids facile pour les adolescents ne doit pas être difficile, ni ennuyeuse. Il faut juste que ce soit amusant!

# *Chapitre 8: Un plan de perte de poids amusant à mettre en œuvre*

## Une histoire personnelle, mais appliquez-la à la vie d'un enfant!

Maintenant, je ne suis pas sûr pour vous, mais beaucoup de gens ont du mal à faire un régime et à perdre du poids. C'est comme ça que ça s'est passé pour mon partenaire. Les programmes de perte de poids et les régimes que j'avais essayés étaient très ennuyeux. Il a également trouvé cela très difficile à mettre en pratique, car on lui a demandé d'arrêter de manger des aliments dont il savait qu'il ne pouvait pas s'en passer.

Ce dont nous avons besoin, c'est d'un programme de perte de poids qui soit vraiment amusant à mettre en œuvre!

Les problèmes de poids de ma partenaire ont commencé lorsque ses parents ont décidé de devenir végétariens. Elle avait onze ans à l'époque et a décidé d'essayer elle aussi. Sa mère préparait les repas, vous voyez, donc je suppose qu'elle n'avait pas vraiment le choix. C'était il y a de nombreuses années et à cette époque, il n'y avait pas beaucoup de choix alimentaires pour les personnes végétariennes. Elle n'a pas été impressionnée par la nourriture qu'on lui a donnée et elle a manqué de manger de la viande. Elle avait généralement faim après les repas, puis elle a commencé à manger des en-cas. Ce n'est que progressivement qu'elle a pris du poids, et les gens n'ont pas fait de commentaires pendant quelques années.

## Un cercle vicieux

Dès que les gens s'en sont rendu compte, c'était comme un cercle vicieux. Ils se moquaient les uns des autres à l'école. Je rentrais à la maison déprimé et puis... "Comfort food", pour se sentir mieux.

Il y a quelques années, il a cherché des moyens de s'aider à perdre du poids. Il a essayé de nombreux régimes, mais sans succès. Je dois dire que ce n'est pas que quelque chose n'allait pas avec les régimes qu'il essayait, c'est qu'aucun régime particulier ne lui convenait.

C'est le genre de personne qui a besoin de profiter de quelque chose pour garder son intérêt. C'est pourquoi il a trouvé que l'école était une lutte. Eh bien, c'est toujours son excuse.

# Le moyen amusant de perdre du poids

Un samedi soir, il y a quelques années, il est sorti un soir avec un ami. Ils ont eu une bonne discussion au cours de laquelle il lui a parlé de sa mission de perte de poids. Il a expliqué comment, jusqu'à présent, il n'avait pas trouvé de programme d'amaigrissement adapté. L'ami lui a suggéré de pratiquer un sport, quelque chose de compétitif, où il pourrait se motiver. Il a réfléchi à ce qu'il lui avait dit et a convenu que c'était peut-être la voie à suivre. Il a demandé à son ami s'il souhaitait jouer au tennis trois ou quatre fois par semaine. Il a dit que c'était peut-être trop, puisqu'il jouait au football à six deux fois par semaine. Mais il ne voulait pas non plus décevoir son ami, alors il lui a demandé s'il souhaitait rejoindre son équipe de six joueurs. "Je vais essayer", a-t-il répondu avec engagement. Il est rentré à la maison un peu

étourdi et aussi très content de lui. Il avait maintenant un plan d'amaigrissement dont il était sûr qu'il fonctionnerait. Il n'y aurait pas de solution rapide ; cette quantité d'exercice, sur une période prolongée, aurait un effet positif sur son poids, sa forme physique et sa santé. Il a fallu un certain temps, comme il l'avait prédit, pour atteindre un poids qui lui convenait. Cependant, ce n'était pas un problème, car il s'amusait en cours de route.

Il continue de jouer non seulement au tennis et au football, mais aussi à de nombreux autres sports. Ce n'est plus pour perdre du poids, mais parce qu'il aime beaucoup ça. Et votre adolescent aussi!

# *Chapitre 9: L'importance accordée par les adolescentes à leur minceur fait de la perte de poids un problème*

## Les habitudes alimentaires de votre fille vous inquiètent?

En général, les adolescentes sont plus susceptibles de suivre un régime alimentaire et de s'inquiéter de leur poids que leurs homologues masculins, quel que soit leur âge et qu'elles soient ou non en surpoids.

Une vie saine est l'une des principales clés d'une vie heureuse, et il faut commencer à mener une vie saine dès les premières années. Dans de nombreux cas, de bonnes pratiques parentales permettront à vos enfants de partir du bon pied.

Cependant, cela demandera souvent plus d'efforts. Si vous avez un adolescent en surpoids, vous devrez peut-être faire "plus que nécessaire" pour l'aider. La perte de poids chez les adolescents est souvent un obstacle complexe à surmonter seul.

Les adolescents ne peuvent tout simplement pas réussir à perdre du poids. Ils ont besoin de parents compatissants qui peuvent maintenir un bon environnement familial et leur fournir d'excellents modèles. Lorsque les parents réussissent à perdre du poids, leurs enfants ont plus de chances de réussir également.

Si vous penchez pour des fluctuations de poids spectaculaires et des régimes alimentaires variés, votre enfant essaiera de suivre votre exemple. Comme vous en conviendrez sans doute, un jeune en pleine croissance ne tirera aucun bénéfice émotionnel, physique ou nutritionnel de ce type de gestion du poids. Ces années peuvent être très chargées et très émotionnelles. Le mélange de l'obésité en tant qu'épidémie émergente chez les jeunes et l'accent mis sur la minceur et la démence chez les adolescentes font de la perte de poids une question très importante. Pour aider un adolescent à perdre du poids, rappelez-vous que ces années peuvent être très complexes et chargées d'émotions, surtout si une fille se sent différente des autres.

Parlez à votre adolescent de l'importance de manger des aliments plus sains au lieu de vous arrêter pour perdre du poids. La seule façon pour un adolescent d'atteindre un poids sain est de manger de façon équilibrée, modérée et saine.

## Les régimes alimentaires extrêmement hypocaloriques chez les adolescents

Ironiquement, les régimes extrêmement hypocaloriques des adolescents entraînent souvent une prise de poids plutôt qu'une perte de poids. Après un bref épisode de perte de poids initiale rapide, le corps et le métabolisme commencent à ralentir afin de conserver les calories. Il s'agit d'un système de défense naturelle de l'organisme, conçu pour surmonter les effets d'une carence alimentaire. Ce chemin ne fera que nuire à votre enfant, et ne l'aidera jamais. De nouvelles recherches indiquent que le fait de prendre au moins cinq repas en famille, par semaine, diminue considérablement les risques que les adolescentes adoptent des comportements alimentaires aigus, comme le jeûne ou des actes anorexiques/boulimiques comme les vomissements.

## Les déesses à la télévision et dans les médias

Pensez à la culture dans laquelle les adolescentes d'aujourd'hui sont impliquées, un mode de vie qui déifie les modèles et les actrices extrêmement maigres. Votre fille ne voit que les images des "PhotoShops" pour les médias, et non les réalités ou les difficultés que même ces femmes subissent. Votre adolescente se compare probablement à ces mannequins et actrices et a certainement des convictions irréalistes sur l'apparence de son propre corps. Que devez-vous faire pour éviter cela?

Pour commencer, votre fille ne doit pas paniquer. Il existe des moyens sûrs de lutter pour perdre du poids, et cela ne peut commencer qu'avec l'aide d'un professionnel. Un peu de conseil peut être nécessaire... mais un meilleur endroit pour commencer peut être avec des mesures simples pour faire appel à son propre sens de la nutrition et du bien-être!

Laissez votre enfant participer à son propre projet, à sa propre réussite! Envisagez d'emmener votre adolescent chez un nutritionniste, qui l'aidera à élaborer un plan de perte de poids judicieux. Laissez votre fille faire partie de son propre plan! Le nutritionniste est un tiers impartial et peut faire des suggestions à votre fille sur la manière dont elle pourrait améliorer ses habitudes alimentaires, sans lui faire de reproches.

# *Chapitre 10: Quelques plans d'alimentation pour les adolescents en surpoids*

Si vous cherchez des plans de régime pour les adolescents en surpoids, vous avez de la chance. De nombreux adolescents sont en surpoids, y compris certains des plus actifs. Des joueurs de football aux joueurs de baseball, les adolescents en surpoids peuvent faire toutes sortes de choses. Peu importe leur race, le type d'activités qu'ils pratiquent ou ce qu'ils mangent au dîner. Les adolescents en surpoids se retrouvent dans tous les milieux.

Beaucoup de gens ont l'idée stéréotypée que tous les adolescents en surpoids se livrent à des jeux vidéo pendant des heures et ne font tout simplement pas l'exercice nécessaire pour conserver un poids sain. Malheureusement, ce n'est pas toujours le cas. Même chez les adolescents qui pratiquent un sport actif, certains seront encore en surpoids.

Qu'ils jouent au tennis, au golf, au base-ball ou aux échecs, ces adolescents en surpoids sont présents dans tous les créneaux. Il peut être extrêmement difficile de trouver un régime alimentaire adapté aux adolescents en surpoids, et même si vous trouvez le bon programme d'exercice pour votre adolescent, il se peut qu'il ne soit tout simplement pas suffisant.

Vous pouvez essayer d'autres méthodes, telles que les pilules de régime, mais ce n'est pas toujours la meilleure solution. Parfois, la réponse peut être beaucoup plus simple que l'achat de pilules de régime. Parfois, la réponse est aussi simple que de prendre une combinaison d'actions pour aider cet adolescent à perdre du poids.

La première étape consiste à s'assurer que votre adolescent a une alimentation saine et équilibrée. N'oubliez pas que les adolescents grandissent toujours, ils ont donc besoin de plus d'énergie que vous ne le pensez. Il peut donc être difficile de déterminer combien c'est trop, mais avec du temps et de la patience, et un peu de chance, vous pouvez généralement déterminer ce qui convient à votre adolescent.

Vous devez non seulement faire attention à la quantité de nourriture que vous consommez, mais aussi à ce qu'elle contient. Les adolescents en pleine croissance ont besoin d'une grande variété de nutriments. Les suppléments vitaminiques et autres compléments alimentaires peuvent contribuer à garantir que votre adolescent reçoit toutes les vitamines et tous les nutriments dont il a besoin, bien qu'on ne puisse pas compter totalement sur eux.

## L'intégrer dans un plan d'exercices

Une fois que vous avez déterminé le régime alimentaire approprié pour votre adolescent, essayez de lui faire suivre un programme d'exercices qui l'aidera à être actif. S'il pratique déjà un sport actif, cela, combiné à son nouveau régime alimentaire sain, devrait permettre à votre adolescent de commencer à perdre du poids.

Il peut être vraiment étonnant de constater à quel point l'alimentation et l'exercice physique, lorsqu'ils sont combinés, peuvent faire la différence dans la vie d'un adolescent ou dans celle des autres. Il ou elle aura plus d'énergie et plus de confiance en lui et en ses capacités. Les régimes alimentaires pour adolescents en surpoids peuvent être le moyen idéal de motiver votre adolescent et de l'aider à se sentir bien dans sa peau.

# *Chapitre 11: Des idées de goûters pour les enfants qui ne ruineront pas le régime de maman.*

Wow. On dirait que nous sommes tous au régime ces jours-ci!

Ce chapitre vous aidera, si vous êtes le seul à suivre un régime.

Mais, se cacher dans les coins est aussi la base pour s'assurer que vos enfants mangent bien et prennent un bon départ dans la vie, aussi!

Des gouttes de régime... Faites les déjeuners et les goûters de l'après-midi!

Si vous êtes une mère au régime, vous vous retrouverez probablement dans une situation très courante. De nombreuses mères d'enfants sont en mesure de maintenir un régime alimentaire sain dans toutes les circonstances sauf deux. Tout commence à manquer lorsque les enfants rentrent de l'école ou lorsqu'ils préparent le repas de midi.

Ce n'est pas vraiment une surprise. Les enfants adorent les en-cas que nous achetons au supermarché, et les parents les adorent parce qu'ils sont faciles et rapides à jeter dans la boîte à lunch ou à prendre dans les rayons du garde-manger. Des petits paquets de chips, de délicieux biscuits, des sodas et autres. Pas de problème. Sauf quand il s'agit du programme d'amaigrissement des mères. Maman les aime aussi!

Ces produits sont riches en matières grasses, en énergie et en sucres raffinés. Et après une, deux ou trois bouchées, vous pouvez accumuler 500 calories non désirées. Cet acte unique va probablement arrêter votre perte de poids ou même pire! Les enfants sabotent vos efforts de perte de poids. Pour éviter que vos enfants ne sabotent vos efforts de perte de poids, voici 20 idées de goûters pour enfants qui feront beaucoup moins de dégâts à votre programme de perte de poids si maman mord (juste un peu):

1. Hacher les poires ou autres fruits frais en conserve de ½ et les mettre dans 200 ml de gélatine hypocalorique. Mettez-les dans des récipients individuels en plastique jetables avec couvercle.

2. Coupez des bâtonnets de légumes croquants avec de la sauce - ranch, arachide (satay), poivron ou tomate.

3. Couper des branches de céleri de 6 à 8 cm, les remplir de fromage blanc et les recouvrir de raisins secs ou de noix hachées.

4. Combinez un mélange de cubes de fromage à pâte dure à faible teneur en matières grasses, de noix et de fruits secs dans une pellicule plastique ou un sac de déjeuner.

5. Roulez de fines tranches de carotte et de céleri avec du fromage râpé sur une tranche de viande froide. Sécurisez avec un cure-dent. Coupez la carotte et le céleri avec un éplucheur de légumes pour en faire de très fines tranches.

6. Coupez les oranges en quartiers et congelez-les sur des plateaux. Mettez-les

dans des sacs en plastique pour un bloc de glace aux fruits.

7. Boulette de viande surprise. La prochaine fois que vous ferez un pain de viande, doublez la quantité et faites un lot de boulettes de viande. Ils sont parfaits dans les boîtes à lunch froides. Ajoutez une tranche d'ananas avec un cure-dent à chaque boulette de viande. Ajoutez de la sauce tomate pour le trempage si nécessaire.

8. Mini quiches. Faites une série de quiches sans croûte et faites-les cuire sur un plateau à pain. Chaque "muffin" constituera un en-cas merveilleux et sain pour les enfants.

9. Surprise de fruits réfrigérés. Tranchage d'une combinaison de fraises, de bananes, de kiwis, de pastèques, de raisins ou de fruits de saison. Placez-le dans un petit récipient en

plastique refermable. Recouvrir de jus de pomme, ne pas trop remplir, sceller et congeler. Lorsqu'elles sont emballées dans la boîte à lunch, elles restent froides et s'avèrent être un régal rafraîchissant par une journée chaude.

10. Les gâteaux de riz sont tartinés de purée d'avocat, de banane et de cannelle, ou essayez de la purée d'avocat, des tranches de tomate et des germes.

11. Œuf dur haché, servi avec une mayonnaise allégée, du sel et du poivre sur du pain croustillant.

12. Enveloppes de feuilles: Enveloppez un doigt de fromage, un bâton de céleri et un bâton de carotte dans une feuille de laitue. Enveloppez-le dans du papier d'aluminium

et placez-le dans la boîte à lunch. Le contenu restera humide.

13. Bac à yaourt.

14. Fromage Baby Bell et biscuits allégés.

15. Dattes à la crème : coupez les dattes dans le sens de la longueur, enlevez le noyau. Farce au fromage à la crème Philadelphia (faible en matières grasses).

16. Rouleaux de saucisses rapides: Envelopper les saucisses dans plusieurs feuilles de pâte phyllo. Badigeonner le gâteau avec un œuf battu pour le glaçage. Couper à la longueur désirée. Faire cuire à four moyennement chaud pendant 15-20 minutes. Les rouleaux peuvent être congelés.

17. Même chose que ci-dessus, mais en utilisant des lanières de poitrine de poulet fraîches et coupées à 2", utilisez de la tomate ou votre sauce de trempage préférée.

18. Attaque de la collation chaude après l'école: Tartinez une ronde de pain pita de pâte de tomate et d'herbes. Couvrir de tomate, de jambon, de mortadelle (grosse saucisse italienne), ajouter de l'oignon, des champignons tranchés ou de l'ananas. Saupoudrez du fromage râpé dur à faible teneur en matières grasses sur le pain pita. Griller pour faire une pizza savoureuse. Si le pain pita n'est pas disponible, remplacez-le par du pain croquant.

19. brochettes de fruits: Placez des bouchées de fruits sur des brochettes de kebab en saison.

20. sandwich au thon en conserve, pain croûté, sachet de mayonnaise Les enfants peuvent préparer leur collation à l'école pour ne pas être trempés.

# *Chapitre 12: Le vélo - une excellente façon de profiter de votre entraînement*

Le cyclisme est un sport amusant pour les personnes de tous âges. C'est une excellente façon d'intégrer l'exercice dans votre vie, tout en vous amusant. La famille et les amis peuvent faire du vélo ensemble, dans les parcs, sur les pistes cyclables ou à peu près partout où ils le souhaitent. C'est le sport idéal pour tous, que vous ayez 6 ou 60 ans. Il leur suffit d'aller à leur propre rythme, car toute vitesse est bénéfique. Tant que le corps est en mouvement et que le sang pompe, c'est un grand coup de pouce pour la santé. Il n'y a aucune excuse pour quiconque de ne pas faire du vélo!

Même si vous n'avez jamais appris à conduire un deux-roues, il existe des tricycles de taille adulte qui ne nécessitent pas d'équilibre pour rouler. Tout ce que vous faites, c'est monter sur le vélo et commencer à pédaler.

Les vélos existent dans tous les styles, couleurs et tailles. Il existe des petits tricycles pour les jeunes enfants qui apprennent ce qu'est un vélo. Il existe également des vélos à deux roues ordinaires avec des roues d'entraînement, pour les enfants de cinq ans et plus qui veulent apprendre à faire du vélo. Après avoir roulé pendant un certain temps avec les roues d'entraînement, et lorsqu'ils commencent à se sentir à l'aise, ils peuvent demander à un adulte d'enlever les roues d'entraînement pour qu'ils puissent essayer de rouler sans elles. Au début, l'enfant peut avoir peur et faire quelques chutes et/ou des bleus, mais il découvrira vite que le plaisir et la liberté de faire du vélo en valait la peine.

Une fois qu'un enfant plus âgé a maîtrisé l'équitation, il y a d'autres types de vélos à essayer. Les motocyclettes, y compris celles de taille enfant, sont très populaires auprès des jeunes. Certains enfants pensent que les motos sont encore plus amusantes que les motos traditionnelles, mais ils ne font pas l'exercice d'aérobie que les motos font sans moteur.

En effet, il n'est pas nécessaire de pédaler, c'est le moteur qui fait tout le travail. Les vélos peuvent également comporter des pratiques et des gadgets pratiques. L'un des favoris des adultes et des enfants est le panier. Les paniers sont de formes, de couleurs et de tailles différentes et peuvent être placés à l'avant du vélo, près du guidon ou à l'arrière. Parmi les autres gadgets populaires, on peut citer Lumières, klaxons, podomètres et selles, et bien d'autres choses encore.

## Achetez en ligne!

Comme il existe de nombreux détaillants en ligne qui vendent des vélos à des prix incroyables, il n'est pas nécessaire de quitter votre domicile et de parcourir la ville à la recherche des meilleurs prix. Achetez en ligne, dans le confort de votre maison, et recevez ce nouveau vélo cool sur le pas de votre porte. Donc, si vous voulez faire un bon entraînement aérobique et vous amuser en même temps, essayez le vélo et vous ne vous tromperez pas.

# *Chapitre 13: Faites de l'exercice n'importe où avec votre vélo - des plages aux montagnes en passant par les forêts*

Non seulement vous pouvez faire votre forme d'exercice préférée sur la route... mais aussi ses avantages grâce à une alimentation saine.

Un porte-vélos de voiture peut rendre votre cyclisme encore plus amusant et aventureux. Un porte-vélos de voiture vous donnera la possibilité de faire plus d'exercice où que vous soyez. Vous pouvez faire du vélo partout où vous voulez, des plages aux montagnes en passant par les forêts. Un porte-vélo de voiture peut rendre votre voyage à vélo encore plus amusant et aventureux.

Il vous permettra de faire cet exercice à l'endroit et au moment de votre choix, car vous pourrez toujours avoir les vélos à portée de main pour vous et toute votre famille. Tous les muscles du bas du corps sont utilisés sur le vélo, ce qui en fait un merveilleux entraînement cardiovasculaire.

Vous aimez peut-être faire du vélo sur une machine, mais vous ne profitez que d'une petite partie des avantages que le vélo peut vous offrir. Faire du vélo en plein air peut vous détendre et peut être très amusant à faire avec vos amis ou votre famille. Vous pouvez trouver des clubs de cyclisme presque partout dans le pays et c'est un excellent moyen de trouver des amis qui aimeront partager ce passe-temps avec vous.

Toutes ces raisons viennent appuyer l'idée qu'il faut un porte-vélos de voiture pour être prêt à rouler à tout moment. Vous aurez beaucoup de liberté avec un porte-vélos de voiture. Vous pouvez emmener votre vélo où vous voulez, de la plage à la montagne en passant par les bois, facilement et confortablement. D'un petit week-end à de longues vacances, vous pouvez prendre votre vélo avec un porte-vélos de voiture.

Cela vous aidera à suivre votre programme d'exercices et vous donnera de nouvelles occasions de vous amuser. Faire du vélo peut être relaxant et amusant. Avec un porte-vélos de voiture, vous pouvez le faire partout où vous le souhaitez.

Un porte-vélos de voiture vous permettra également de faire plus facilement de l'exercice lorsque vous êtes sur la route. Si vous voyagez pour le travail, vous

apprécierez d'avoir votre vélo avec vous afin de faire le plus d'exercice possible. Un porte-vélos de voiture peut vous donner cette flexibilité et ce confort. C'est très bien si vous prenez votre véhicule pour vos voyages d'affaires au lieu de prendre l'avion.

Il ne vous faudra pas beaucoup plus de temps pour charger votre vélo avec un porte-vélos de voiture. Vous vous amuserez à trouver des endroits amusants et intéressants pour faire du vélo et de l'exercice. Un autre grand avantage est que vous n'aurez pas à vous soucier de trouver la salle de sport de l'hôtel, puisque vous aurez votre propre façon de vous entraîner.

L'achat d'un porte-vélos pour votre voiture vous permettra de faire plus de vélo. Que vous alliez faire un tour chez votre mère pour Noël ou que vous preniez une semaine de vacances à la plage, vous pourrez emporter votre ou vos vélos pour vous amuser et faire de l'exercice. C'est un moyen parfait non seulement pour vous, mais aussi pour vos enfants.

# *Chapitre 14: Contrôle du poids Quelqu'un veut-il jouer au bowling?*

Le bowling est un sport de jeu qui peut libérer vos émotions. Il peut également être utilisé pour soulager le stress et la tension. Il est parfait pour ceux qui sont constamment occupés par leur vie et sont souvent bombardés d'emplois sous pression. Mais à part ces avantages, savez-vous ce que le bowling peut faire d'autre pour votre corps? Bien sûr, le contrôle du poids avec le bowling est possible

Après tout, avec ce jeu de sport, vous pouvez faire bouger la plupart des muscles de votre corps. Cela vous rend physiquement actif, donc vous brûlez aussi plus de calories.

Ainsi, plutôt que de gagner en endurance physique, vous enlevez un peu de poids, ce qui vous donne le corps fabuleux dont vous rêvez! Plus de programmes ennuyeux de contrôle du poids. Si vous pratiquez ce beau sport, vous pouvez être presque sûr que votre corps physique sera toujours en pleine forme.

L'avantage est que vous n'aurez peut-être pas besoin de participer à d'autres programmes de contrôle du poids plus ennuyeux, bien sûr, selon le poids que vous voulez prendre. C'est une bonne nouvelle, n'est-ce pas? Le bowling n'est pas une grosse affaire, c'est un objet de grande valeur!

Il n'est pas nécessaire de dépenser beaucoup d'argent juste pour s'inscrire à un de ces programmes de régime, ou pour acheter ces pilules de régime coûteuses, ou d'autres articles ou services similaires. La plupart des centres de bowling sont même abordables, il n'y a donc aucune excuse pour ne pas y aller. Les avantages pour la santé du contrôle du poids au bowling peuvent être résumés comme suit:

## Tonifier les muscles du corps

Il suffit de marcher dans la salle de bowling, de tendre la main pour tenter une spare ou un strike et de lâcher la boule de poids pour favoriser un bon exercice musculaire. C'est la même chose que lorsque vous faites de l'exercice en marchant, mais avec le bowling, il y a du poids, donc vous faites plus d'exercice.

Étirer ou plier la main est également un bon moyen pour les articulations, les ligaments, les tendons et les muscles de faire un bon entraînement. Elle favorise également une bonne circulation sanguine. Dans l'ensemble, le bowling est donc un moyen amusant de faire de l'exercice et de perdre du poids par la même occasion.

## Brûler les graisses

Lorsque vous continuez à vous déplacer avec les déambulateurs, ils se fléchissent, s'étirent et se balancent; vous faites déjà brûler certaines calories ou graisses accumulées. Par conséquent, la poursuite de la pratique de ce sport peut constituer une routine de perte de poids. Sur le plan social, on se lie d'amitié avec le bowling

Vous pouvez entrer en contact avec vos amis, votre famille ou vos proches en vous engageant à faire des sorties au bowling. Vous créez de bonnes relations sociales, qui sont psychologiquement connues pour

favoriser une meilleure performance cardiaque. Une meilleure performance cardiaque est une excellente combinaison avec la perte de poids ou la gestion du poids.

Vous savez donc maintenant que le bowling ne consiste pas seulement à développer votre endurance ou à libérer l'énergie emprisonnée.

Le bowling est également une aide précieuse pour perdre ou réduire le poids. Et même si vous êtes inscrit à un certain programme de gestion du poids, il est recommandé de pratiquer des sports actifs, comme le bowling.

Le bowling permet d'adopter un mode de vie sain et sûr pour brûler les graisses. La gestion du poids avec le bowling est donc parfaite!

## Quelques mots pour finir:

Même s'il y a des plaintes, il n'y a pas de solution miracle en ce qui concerne la perte de poids. Ce qui signifie... qu'il faut travailler dur, en même temps que n'importe quel programme ou produit, pour réussir à perdre du poids. Comme le conseillent les experts, votre programme de gestion du poids sera plus efficace s'il est associé à un mode de vie propre et actif. J'ajouterai que plus vous accepterez les changements comme nécessaires pour toute votre famille, plus vos actions seront efficaces.

J'espère que ce livre vous a aidé à comprendre les énormes problèmes de l'obésité chez nos enfants et à ressentir la compassion dont vous avez besoin pour atteindre vos objectifs. Cela signifie non seulement une perte de poids pour votre enfant, mais aussi un nouveau mode de vie sain pour vous tous. Je vous souhaite la grâce et la patience de voir cela à travers vos vies... et beaucoup de bonheur pour votre enfant alors qu'il ou elle atteint son objectif de perte de poids tant désiré et sincère!

"Vous devez assumer une responsabilité personnelle. Vous ne pouvez pas changer les circonstances, les saisons ou le vent, mais vous pouvez changer vous-même. C'est une chose dont vous êtes responsable.

~Jim Rohn

"FAITES-LE !"

~Nike